BEI GRIN MACHT SICH IHR WISSEN BEZAHLT

AF153447

- Wir veröffentlichen Ihre Hausarbeit, Bachelor- und Masterarbeit

- Ihr eigenes eBook und Buch - weltweit in allen wichtigen Shops

- Verdienen Sie an jedem Verkauf

Jetzt bei www.GRIN.com hochladen und kostenlos publizieren

Systematische Diskriminierung bei der niedersächsischen Polizei

Inwieweit existiert systematische Diskriminierung bei der niedersächsischen Polizei?

Bibliografische Information der Deutschen Nationalbibliothek:

Die Deutsche Nationalbibliothek verzeichnet diese Publikation in der Deutschen Nationalbibliografie; detaillierte bibliografische Daten sind im Internet über http://dnb.d-nb.de abrufbar.

ISBN: 9783389023594
Dieses Buch ist auch als E-Book erhältlich.

Druck und Bindung: Books on Demand GmbH, Norderstedt Germany
Gedruckt auf säurefreiem Papier aus verantwortungsvollen Quellen

Das vorliegende Werk wurde sorgfältig erarbeitet. Dennoch übernehmen Autoren und Verlag für die Richtigkeit von Angaben, Hinweisen, Links und Ratschlägen sowie eventuelle Druckfehler keine Haftung.

Das Buch bei GRIN: https://www.grin.com/document/1472256

Systematische Diskriminierung bei der niedersächsischen Polizei: „Inwieweit existiert systematische Diskriminierung bei der niedersächsischen Polizei?"

Inhaltsverzeichnis

Einleitung

In den Medien sind Rassismus und andere Formen der Diskriminierung in staatlichen Sicherheitsorganen ein großes Thema. In letzter Zeit sorgten dafür vor allem Fälle wie zum Beispiel die Tötung des Afroamerikaners George Floyd durch Polizeibeamte und die daraus resultierende Black-Lives-Matter-Bewegung – bei der die damit zusammenhängenden (möglichen) Probleme der Polizei aufgezeigt wurden. Nachdem es auch in Deutschland zu Fällen von Rassismus bei der Polizei kam, wurden Diskussionen zu etwaigen Problemen der hiesigen Polizeien ausgelöst. Dadurch kann man auch die Frage stellen, ob die Polizei konform zu dem Grundgesetz handelt, denn nach Artikel 3 Absatz 3 der Verfassung ist Diskriminierung verboten. Doch passiert das wirklich? Und wie genau sieht die Situation aus? Das soll in der folgenden Arbeit betrachtet werden und dafür versucht werden, die Frage „Inwieweit existiert systematische Diskriminierung bei der niedersächsischen Polizei?" zu beantworten.

Diese Forschungsfrage wurde ausgesucht, da es schwierig ist, alle 17 Polizeibehörden (also 16 Landespolizeien sowie die Bundespolizei) zu untersuchen, es wird also Niedersachsen behandelt, wobei aber auch allgemeinere Beispiele, also anderer staatlicher Ebenen in Deutschland, betrachtet werden.

Es geht dabei nicht nur um die Existenz oder nicht vorhandene Existenz der Diskriminierung, sondern auch um Probleme und die Forschungslage in dem Themenfeld. Dafür wird im Folgenden nach der Definition von Diskriminierung und möglichen Erklärungen für Diskriminierung, bei denen sich überwiegend auf die Theorien von Groß et al. bezogen wird im polizeilichen Kontext, die Ausmaße von Diskriminierung durch die Polizei in Deutschland vorgestellt und versucht, die Lage innerhalb Niedersachsens mit Veröffentlichungen des Landes selber zu erläutern. Danach wird aufgezeigt, wie der systematischen Diskriminierung entgegengewirkt werden kann oder eventuell schon wird. Nachdem dann die Schwierigkeiten des wissenschaftlichen Arbeitens zu dem Themenfeld vorgestellt werden, schließt die Arbeit mit einem Fazit ab.

Kapitel 1 „Entstehung und Erklärung von Diskriminierung"

Kapitel 1.1 Definition

Um sich mit systematischer Diskriminierung bei der Polizei zu befassen, ist es wichtig, vorher die Definition zu benennen. Eine mögliche Definition von Diskriminierung beziehungsweise diskriminierendem Verhalten, die sich an der Definition der Antidiskriminierungsstelle des Bundes[1] orientiert, ist folgende: Diskriminierende, also die Verursachenden der Handlung, teilen Personen in Gruppen auf. Diese Einteilung kann auf Grundlage verschiedener Kriterien erfolgen. Den Gruppen werden dann spezifische Eigenschaften zugeordnet; das können auch Entwicklungsstufen sein.[2] Aufgrund dessen werden Menschen, die diesen Gruppen zugeordnet werden (auch wenn sie nicht wirklich ein Mitglied dieser Gruppe sein müssen), dann benachteiligt behandelt; diese Benachteiligung muss jedoch nicht direkt erfolgen, sondern kann laut Definition der Antidiskriminierungsstelle auch ein Gruppenmitglied bevorzugen, wodurch das Mitglied einer anderen Gruppe dadurch dann benachteiligt wird.[3] Auch wenn sich das zuerst nach einer aktiven Handlung anhört, passiert das meist doch unbewusst. Systematische Diskriminierung existiert dann, wenn kein Einzelfall vorliegt, sondern – ganz im Gegenteil – die Diskriminierung durchgängig und wiederholend auftritt. An diesem Definitionsversuch wird sich anschließend orientiert.

Kapitel 1.2 Entstehung von Diskriminierung im Allgemeinen und in Bezug auf Polizeibeamte*innen

Es ist schwierig zu benennen, wie Diskriminierung – also diskriminierende Einstellungen oder Verhalten – zustande kommt, da dies auf komplexen Strukturen und Lebenserfahrungen beruht. Deshalb ist es auch schwierig die Frage nach der Existenz von tendenziell rechten Einstellungen in der Polizei zu beurteilen; die Befürchtung steht allerdings für das gesamte Bundesgebiet im Raum.[4] Mit den folgenden Ansätzen und Theorien lassen sich jedoch die Gründe für zuvor genannte Einstellungen und diskriminierendes Verhalten erklären: Nach Groß et. al. ist der Faktor der Autorität in der Polizeiarbeit hoch;[5] denn Polizeibeamte*innen neigen eher zu autoritärem Verhalten

1   Vgl. Beigang, Steffen et. al. (2017): Diskriminierungserfahrungen in Deutschland. Ergebnisse einer Repräsentativ- und einer Betroffenenbefragung. Baden-Baden, 12f..
2   Vgl. Koller, Christian. (2015): Was ist eigentlich Rassismus?. In:BPB. <https://www.bpb.de/themen/rechtsextremismus/dossier-rechtsextremismus/213678/was-ist-eigentlich-rassismus/> (26.02.2023)
3   Vgl. Beigang, Steffen et. al. (2017)
4   Vgl, Diehl, Jörg; Siemens, Ansgar (18.12.2018): Für Rechts und Ordnung. In Spiegel Online <https://www.spiegel.de/panorama/justiz/polizei-in-deutschland-wie-gross-ist-das-problem-mit-rechten-umtrieben-a-1244319.html> (02.03.2023)
5   Vgl. Groß, Eva et. al. (2022): Ursachen und Präventionsmöglichkeiten bei Vorurteilen und Diskriminierungen in der Polizei. In: Rassismus in der Polizei Eine wissenschaftliche Bestandsaufnahme, 169f..

als die Gesamtbevölkerung.[6] Diese Relevanz von Autorität bestätigt auch Rafael Behr, denn Polizeibeamte*innen würden anders auf Personen reagieren, sollte „ihre Autorität [angegriffen oder] in Frage gestellt" werden.[7] Was nicht die Polizeibeamte*innen individuell, sondern als Gruppe betrifft, ist ihre Zusammengehörigkeit und ein Zusammengehörigkeitsgefühl, das sie möglicherweise entwickeln könnten. Man verstehe sich also als eine Gruppe und schützt sich daher gegenseitig bei möglichem Fehlverhalten.[8]

Ein anderer Punkt ist der Arbeitsalltag, der oft mit negativen Erlebnissen behaftet ist. Dann ist es möglich, dass diese mit den zukünftigen Opfergruppen der Diskriminierung konnotiert werden.[9] So werden also bestimmten Gruppen, unabhängig von statistischer Relevanz, negative Handlungen zugeordnet, die lediglich eine Person oder Personengruppe verursachte.

Diese Theorien und Ansätze sind zwar keine Beweise für die Existenz von Diskriminierung in der Polizei oder eine erhöhte Diskriminierung in Relation zu anderen Bereichen, sie sind jedoch Erklärungen einer möglichen erhöhten Bereitschaft der Polizeibeamte*innen zu diskriminierenden Einstellungen oder Handlungen. Man sieht also, wo mögliche Probleme seien könnten.

Kapitel 2 Situation/Ausmaß von Diskriminierung in der Polizei

Kapitel 2.1 Allgemein/Deutschland/Bundesweit

2020 (Befragungszeitraum war 2019) ermittelte das Hessische Informations- und Kompetenzzentrum gegen Extremismus in einer Studie die Einstellung der hessischen Polizeibeamte*innen. 20,5 % der Befragten ordneten sich als politisch rechts ein, von denen sich 1,7% sogar am rechten der „politischen Ränder" sahen.[10] Dazu berichteten 37,4 % der Befragten bisher mindestens einmal von ihren Kolleg*innen diskriminiert, gemobbt oder ausgegrenzt worden zu sein.[11] Diese Ergebnisse können zwar nicht direkt übernommen werden, da es sich einerseits um Selbsteinschätzungen handelt und andererseits auch nur ein Teil der Beschäftigten teilnahm, es zeigt jedoch eine Richtung der Ansichten innerhalb der Polizei Hessen auf; denn der Hintergrund dieser Studie waren rechtsextreme Vorfälle bei Beschäftigten der Polizei.[12] Jedoch zeigen diese Ergebnisse eine Richtung in die sich die hessische Polizei bewegt, was durch die zuvor bekannt gewordenen

---

6 Vgl. Ebda.
7 Holzki, Larissa (31.08.2018): Wie rechts ist die Polizei?. In: Süddeutsche Zeitung <https://www.sueddeutsche.de/karriere/polizei-und-rechte-viele-polizisten-der-unteren-dienstraenge-erleben-sich-als-kleine-raedchen-im-getriebe-1.4111545> (02.02.2023)
8 Vgl. Groß, Eva et. al. (2022), 170 f..
9 Holzki, Larissa (2018)
10 Hessisches Ministerium des Innern und für Sport;HKE (2020): Polizeiliche Alltagserfahrungen – Herausforderungen und Erfordernisse einer lernenden Organisation Forschungsbericht 2020,17.
11 Vgl. Ebda. S.32.
12 Vgl. Ebda S.5.

Verdachtsfälle auch nicht widerlegt wird.

Kap. 2.2 Beispiele

Beispiele für solche Vorfälle sind unter anderem Chats zwischen Mitarbeiter*innen der Polizei. Mehrere Polizeibeamte*innen aus Osnabrück sollen sich 2020 über einen Messenger ausgetauscht haben. Der Inhalt dieser Nachrichten soll unter anderem auch rechtsextrem gewesen sein. Folge damals war eine vorübergehende Suspendierung des Dienstes. Diskriminierende Einstellungen manifestieren sich aber nicht nur in Worten, sondern mitunter auch in brutalen Taten. Im August 2019 wurde Aman Alizada von einem Polizisten erschossen. Das war an seinem Wohnort, einer Stader Flüchtlingsunterkunft, denn er war ein Geflüchteter aus Afghanistan. Der Polizei war seine psychische Krankheit bekannt.[13] Im Oktober zwei Jahre später starb Kamal Ibrahim an den Folgen von Schüssen eines Polizisten im Rahmen eines Polizeieinsatzes.[14] Seine psychische Krankheit war ebenfalls bekannt gewesen und auch er war Geflüchteter (aus dem Sudan) und lebte ebenso in einer Flüchtlingsunterkunft in Stade, wo der Einsatz und die zwei weiteren am selben Tag zuvor stattfanden.[15]

Kapitel 2.3 Die Rolle des Qualitäts- und Beschwerdemanagements im Niedersächsischen Innenministerium

Das Qualitäts- und Beschwerdemanagement im Niedersächsischen Ministerium für Inneres und Sport ist die Meldestelle des Ministeriums, also auch zuständig für die Polizei. Es soll in ihrer Arbeit unabhängig agieren können;[16] dabei stellt jeder eingegangene Hinweis nicht unmittelbar eine Beschwerde dar, sondern kann auch Lob oder eine Anregung sein, die also nicht unbedingt wertend ist. Die Daten sind deshalb auch schwer auszuwerten und nur sehr vorsichtig zu betrachten: erstens sind die Hinweise nicht zwingend negativ. Dazu kommt, sollte ein Hinweis einen Zusammenhang mit Diskriminierung haben, muss es sich nicht tatsächlich um einen fall von diskriminierenden handeln, da es sich um die Wertung der Geschädigten und ihre Eindrücke handelt – ob also bei

---

13 Vgl. Wasiliu, David (2022): Tödliche Schüsse bleiben ungeklärt. In: taz <https://taz.de/Polizeieinsaetze-gegen-Gefluechteten/!5873195/>

14 Vgl, Walbrecht, Sigmar (2021) Tod von Kamal I. Nach Polizeieinsatz – viele Frage offen. In: Flüchtlingsrat Niedersachsen e.V. <https://www.nds-fluerat.org/51254/aktuelles/tod-von-kamal-i-nach-polizeieinsatz-viele-fragen-offen/> (03.03.2023)

15 Vgl. Walbrecht, Sigmar (2021) Tödlicher Polizeieinsatz: Geflüchteter in Harsefeld erschossen In: Flüchtlingsrat Niedersachsen e. V. <https://www.nds-fluerat.org/51177/aktuelles/toedlicher-polizeieinsatz-gefluechteter-in-harsefeld-erschossen/> (03.03.2023)

16 Vgl. o. A. (o.J.): Qualitäts- und Beschwerdemanagement im Niedersächsischen Ministerium für Inneres und Sport <https://www.mi.niedersachsen.de/startseite/service/beschwerdestelle_fur_burgerinnen_und_burger_und_polizei/qualitats-und-beschwerdemanagement-im-niedersaechsischen-ministerium-fur-inneres-und-sport-125825.html> (20.02.2023)

jedem der Hinweise tatsächlich eine Diskriminierung stattgefunden hat, ist schwer einzuschätzen.

Kapitel 2.4 Auswertung der Statistiken des Qualittäts- und Beschwerdemanagements

Das Qualitäts- und Beschwerdemanagement berichtet in ihrer siebten Auswertung für das Jahr 2019 von insgesamt 456 eingegangenen Hinweisen, die die Arbeit der niedersächsischen Polizei betreffen.[17] Wie schon zuvor erwähnt, stellen diese Hinweise jedoch nicht nur Beschwerden dar; insgesamt lag die Anzahl der Beschwerden bei 396. Das Beschwerdemanagement teil diese in vier Kategorien auf: 324 verhaltensbezogene Beschwerden, 48 fachliche Beschwerden, 12 Folgebeschwerden sowie 12 interne Beschwerden.[18]

Für das darauffolgende Jahr werden in der achten Auswertung 572 Hinweise zur Polizei genannt.[19] Es gab in diesem Jahr 469 Beschwerden. Diese setzten sich wie folgt zusammen: 328 verhaltensbezogene Beschwerden, 114 fachliche Beschwerden, 20 Folgebeschwerden sowie 7 interne Beschwerden.

In der aktuellen neunten Auswertung für das Jahr 2021 werden bei ebenfalls 572 Hinweisen lediglich 456 Beschwerden verzeichnet. Diese bestehen aus 259 verhaltensbezogenen Beschwerden, 158 fachliche Beschwerden, 20 internen Beschwerden und 19 Folgebeschwerden.[20]

Im Vergleich zu den aktuellen Auswertungen, sind die Ergebnisse der ersten Auswertung folgende (es wird sich hier nicht auf die erste Auswertung bezogen, sondern auf die erste Auswertung mit einem Auswertungszeitraum eines vollen Jahres, um die Daten besser vergleichen zu können): Von den 385 Hinweisen sind 361 Beschwerden und bestehen aus 281 verhaltensbezogenen Beschwerden, 59 fachlichen Beschwerden, 3 Folgebeschwerden sowie 18 internen Beschwerden.[21]

Über die Jahre hinweg ist ein stetiger Anstieg der Hinweise und meist auch ein solcher bei den Beschwerden zu verzeichnen, nur in der aktuellen Auswertung nahmen die Beschwerden ab, da der Anteil der sehr großen Gruppe an verhaltensbezogenen Beschwerden auch verhältnismäßig stark abnahm. Doch auch mit diesen leichten Schwankungen ist die Anzahl der Hinweise recht groß und

---

17 Vgl. o. A. (2020): Auswertung für den Zeitraum vom 01.01.bis 31.12.2019 In: Qualitäts- und Beschwerdemanagement im Niedersächsischen Ministerium für Inneres und Sport, 6.
18 Vgl. Ebda.
19 Vgl. o. A. (2021) VIII. Auswertung der Beschwerdestelle für Bürgerinnen und Bürger und Polizei In: Qualitäts- und Beschwerdemanagement im Niedersächsischen Ministerium für Inneres und Sport, 9.
20 Vgl. o. A. (2022) IX. Auswertung der Beschwerdestelle für Bürgerinnen und Bürger und Polizei In: Qualitäts- und Beschwerdemanagement im Niedersächsischen Ministerium für Inneres und Sport, 9.
21 Vgl. o. A. (2016) Auswertung für den Zeitraum 01.01.2015 bis 31.12.2015 In: Qualitäts- und Beschwerdemanagement im Niedersächsischen Ministerium für Inneres und Sport, 6.

der Anteil der Beschwerden innerhalb dieser ebenfalls. Am interessantesten sind vermutlich auch die verhaltensbezogenen Beschwerden und ihr Anteil an den Beschwerden insgesamt; sie machen immer mit Abstand die meisten Beschwerden aus. Das ist damit zu erklären, dass die Arbeit der Polizei oft mit einem großen Kontakt zu Zivilpersonen also den späteren Petenten, gekennzeichnet ist. Jedoch ist dieser Bereich auch für Diskriminierungen relevant. Zwar ist das kein unmittelbarer Beweis für Diskriminierung durch die Polizei, es zeigt jedoch, dass eine große Unzufriedenheit herrscht und sich viele Menschen beschweren, da anscheinend einige Situationen existierten, in denen die Betroffenen sich durch die Polizeibeamte*innen nicht richtig behandelt fühlten. Es zeigt damit aber auch Hinweise, wie die mögliche Situation mit Diskriminierung aussehen kann und dass zumindest Fehler in der Polizei allgemein nicht bloß Einzelfälle sind, sondern durchgängig auftreten. Die Anzahl der internen Beschwerden ist sehr niedrig. Das kann damit zu erklären sein, dass man keine Probleme im eigenen Arbeitsumfeld sieht, es wäre jedoch auch denkbar, dass man nicht gegen Kolleg*innen, die fehlerhaft handelten, vorgehen möchte oder sich nicht traut, das zu tun – erst recht der starke Anstieg zur letzten Auswertung, würde diese These unterstützen, da es eher unwahrscheinlich ist, dass in einem so kuren Zeitraum viel mehr Probleme durch Kolleg*innen entstehen, sondern eher das Bewusstsein der Petenten größer wird. Das würde also Probleme in der Institution der Polizei aufzeigen.

Kapitel 3 Systematischer Diskriminierung in der Polizei entgegenwirken

Kapitel 3.1 Möglichkeiten, der Diskriminierung entgegenzuwirken

Nach Astrid Jacobsen ist es für Polizeibeamte*innen nicht möglich, die Merkmale, durch die Diskriminierungen entstehen, völlig zu ignorieren. Sie seien für die Arbeit der Polizei relevant und ihre Beachtung nötig.[22] Es sei daher ein richtiger Umgang erforderlich.[23] Es ist also nötig, Polizeibeamte*innen im richtigen Umgang zwischen ihnen und Zivilpersonen zu schulen.

Darüber hinaus ist auch die Besetzung der Polizei maßgeblich entscheidend. Eine höhere Diversität in den eigenen Reihen kann Diskriminierung entgegenwirken, unter anderem, da ein höheres Verständnis für die Kolleg*innen entwickelt werden könne. Auch werden beispielsweise Polizeibeamte*innen mit einem Migrationshintergrund eine vermittelnde Rolle zugeordnet.[24] Gemeint ist damit, dass sie sich meistens mit mehreren Kulturkreisen auskennen und so nicht nur

---

22 Vgl. Jacobsen Astrid (2015) „Hier laufen verdächtige Ausländer rum". Zur Bedeutung kultureller Herkunft für die Bewältigung des Einsatz- und Streifendienstes". In: .SIAK-Journal, 47.
23 Vgl. Ebda.
24 Vgl. Behr, Rafael (2016) Diversität und Polizei: Eine polizeiwissenschaftliche Perspektive, 6.

einen fremden Blick auf Ereignisse im Arbeitsalltag legen können. Doch liegt der Anteil von Frauen in der Polizei Niedersachsen aktuell (Stand 2019) bei lediglich 35 % und in ganz Deutschland bei 29,3 %.[25] Auch der Anteil der Polizeibeamte*innen mit einem Migrationshintergrund ist mit 5,5 %[26] auch nicht hoch (Stand 2022) – vor allem in Relation zu dem Anteil von Menschen mit Migrationshintergrund von 24 % in der niedersächsischen Bevölkerung[27] (die Angaben des Statistischen Bundesamts sind in absoluten Zahlen veröffentlicht, woraus sich jedoch mit der Anzahl der Einwohner Niedersachsens insgesamt und aller Menschen mit Migrationshintergrund in Niedersachsen ein Anteil von gerundet 24 % berechnen lässt). Der Anteil der Polizeibeamte*innen mit Migrationshintergrund für die Polizei in ganz Deutschland ist schwer anzugeben, da nicht alle Landespolizeien dazu Werte veröffentlichen.

Kap. 3.2 Maßnahmen der niedersächsischen Polizei gegen Diskriminierung in den eigenen Reihen

Die Europäische Union empfahl Deutschland 2020, eine Studie zu Rassismus in der deutschen Polizei durchzuführen.Auch wenn eigentlich eine Studie zu Racial Profiling dem nachgehen sollte, wurde die Bekanntmachung dieser dann aber von Innenministeri Horst Seehofer zurückgenommen und durch eine andere Studie ersetzt.[28] An dieser anderen Studie gab es dann jedoch Kritik, auch in Niedersachsen.[29] Daher es soll nun in Niedersachsen eine eigene geben.[30] Die bis voraussichtlich 2023 laufende Studie der Polizei Niedersachsen – durchgeführt durch die Polizeiakademie Niedersachsen – soll die Arbeit der Polizeibeamte*innen während beziehungsweise anhand ihrer alltäglichen Arbeit untersuchen.[31] Diese soll jedoch nicht nur den einen Aspekt des Racial Profiling untersuchen, sondern befasst sich auf einer größeren Ebene mit Diskriminierung.[32]

Ein wichtiger Punkt für die Verhinderung von Diskriminierung ist die Schulung der

---

25 Vgl. o. A. (2020) Zahl der Polizeianwärterinnen und -anwärter seit 2010 mehr als verdoppelt In: Statistisches Bunesamt <https://www.destatis.de/DE/Presse/Pressemitteilungen/2020/09/PD20_N057_742.html> (01.01.2023)

26 Vgl. MEDIENDIENST INTEGRATION (2021) RECHERCHE Polizist*innen mit Migrationshintergrund, 8.

27 Vgl. o. A. (2023) Bevölkerung in Privathaushalten nach Migrationshintergrund und Bundesländern In: Statistisches Bundesamt <https://www.destatis.de/DE/Themen/Gesellschaft-Umwelt/Bevoelkerung/Migration-Integration/Tabellen/migrationshintergrund-laender.html> (01.03.2023)

28 Vgl. o. A. (2020) Seehofer sieht kein Rassismus-Problem bei der Polizei In: Zeit Online <https://www.zeit.de/news/2020-07/05/innenministerium-will-doch-keine-studie-zu-polizei-rassismus> (02.03.2023)

29 Vgl. Memarnia, Susanne (2022) Rassismus? Wo? In: taz <https://taz.de/Seehofers-Polizeistudie/!5835207/> (02.03.2023)

30 Vgl. o. A. (2020) Pistorius für Länder-Studie zu Rassismus In: Tagesschau <https://www.tagesschau.de/inland/pistorius-polizei-rassismus-101.html> (02.03.2023)

31 Vgl. Jacobsen, Astrid et. al. (o.J.) Polizeipraxis zwischen staatlichem Auftrag und öffentlicher Kritik: Herausforderungen, Bewältigungsstrategien, Risikokonstellationen In: Polizeiakademie Niedersachsen <https://www.pa.polizei-nds.de/forschung/projekte/forschungsprojekt-polizeipraxis-zwischen-staatlichem-auftrag-und-oeffentlicher-kritik-115525.html> (01.02.2023)

32 Vgl. Ebda.

Polizeibeamte*innen. Zwar existiert ein Angebot an Aus- und Fortbildungen zum Thema Diskriminiserung für (angehende) Polizeibeamte*innen, jedoch sind diese freiwillig und nicht verpflichtend.[33] Es ist zu befürchten, dass Personen, bei denen eine Sensibilisierung zum Thema nötig wäre, solche Angebote eher nicht nutzen werden.

Kap. 3.3 Bewertung des Qualitäts- und Beschwerdemanagements im Niedersächsischen Ministerium für Inneres und Sport und anderer Institutionen

Durch die Struktur des Beschwerdemanagements soll dieses von den anderen Teilen des Ministeriums, die verantwortbar für die Beschwerden und Hinweise sind, getrennt werden, um so ihre „Unabhängigkeit [zu sichern] und das Beschwerde- und Qualitätsmanagement als Institution [zu betonen]".[34] Die Einrichtung ist daher direkt dem Staatssekretär unterstellt. Dennoch ist es ein Teil des Ministerium für Inneres und Sport und hat daher keine völlige Unabhängigkeit. Das wird von manchen Seiten, wie zum Beispiel vom MEDIENDIENST INTEGRATION,[35] auch kritisiert. Andere Länder sind bei der Behandlung von Beschwerden anders aufgestellt. Ein Beispiel ist Schleswig-Holstein: Dort existiert seit dem 1.10.2016 das Amt der Beauftragten oder des Beauftragten für die Landespolizei Schleswig-Holstein.[36] Dieses Amt ist jedoch kein Teil der Landesregierung oder Landesverwaltung, sondern wird von dem gesetzgebenden Organ des Landes, dem Landtag Schleswig-Holstein, gewählt.[37] Auch wenn das Amt zum Landtag gehört und bei der Landtagsverwaltung, der Präsidentin oder dem Präsidenten des Landtags, angesiedelt ist,[38] ist die oder der Beauftragte in der Arbeit nur dem Gesetz unterworfen.[39] Damit ist eine völlige Unabhängigkeit sowohl von der Landespolizei Schleswig-Holstein direkt als auch dem dafür verantwortlichen Ministerium für Inneres, Kommunales, Wohnen und Sport gewährleistet. Für die Arbeit der oder des Beauftragten darf diese oder dieser Auskunft bei den zuständigen Behörden (der Polizei) anfordern.[40] Damit hat die oder der Beauftragte also Möglichkeiten, den Eingaben nachzugehen, wohingegen das Beschwerdemanagement keine Berechtigung zu Ermittlungen der

---

33 Vgl. MEDIENDIENST INTEGRATION (2022) RECHERCHE Rassismus und Antisemitismus bei der Polizei: Was tun Bund und Länder?, 13.
34 o. A (o. J) (2016) Leitlinie für das Beschwerde- und Ideenmanagement der Beschwerdestelle für Bürgerinnen und Bürger und Polizei im Niedersächsischen Ministerium für Inneres und Sport vom 31.05.2016, 3.
35 Vgl. MEDIENDIENST INTEGRATION (2022), 13
36 Vgl. Samadoni, Samiah El (2016) Hinweise zur Arbeitsweise der Beauftragten für die Landespolizei Schleswig-Holstein In: Landtag ´Schleswig-Holstein,1.
   <https://www.landtag.ltsh.de/export/sites/ltsh/service/downloadgallery/beauftragte_landespolizei/Hinweise_zur_Arb
eitsweise_und_Verfahrensablaeufen_Polizeibeauftragte.pdf> (01.02.2023)
37 Vgl. §7Abs.2BüPolBG.
38 Vgl. §7Abs.1BüPolBG.
39 Vgl. §10Abs.2BüPolBG.
40 Vgl. §10Abs.2BüPolBG.

jeweiligen Hinweise hat,[41] sondern die jeweiligen Hinweise lediglich an die zuständigen Stellen in der Polizei (oder sonstigen Teilen des Ministeriums) weitergibt.[42]

Eine weitere Behörde, die bei Diskriminierung relevant ist, ist die Antidiskriminierungsstelle des Bundes. Sie soll Opfern von Diskriminierung helfen und bietet dafür auch Beratungen an.[43] Dabei ist die Antidiskriminierungsstelle jedoch an das Allgemeine Gleichbehandlungsgesetz gebunden, für dessen Umsetzung die Antidiskriminierungsstelle auch errichtet ist.[44] Das Allgemeine Gleichbehandlungsgesetz versucht ein breites Spektrum an Diskriminierungen „zu verhindern oder zu beseitigen".[45] Jedoch gilt das Gesetz nicht im Bereich von staatlichen Sicherheitsorganen wie der Polizei,[46] weshalb die Antidiskriminierungsstelle bei Diskriminierung durch die Polizei keine Zuständigkeit hat und nicht helfen darf.[47] Damit existieren also wenige Stellen von staatlicher Seite und bei der Anzeige eines möglichen Opfers durch eine Beamtin oder eines Beamten der Polizei muss die Polizei dem selbst nachgehen – und damit gegen ihre eigenen Kolleg*innen ermitteln.

Kapitel 4 Probleme bei der wissenschaftlichen Beschäftigung mit dem Thema Diskriminierung bei der Polizei

Bis heute gibt es nicht viele Studien zu Diskriminierung in der Polizei. Lange Zeit haben die politischen Entscheidungsträger versucht, diese zu verhindern und teilweise ist das heute immer noch der Fall, wie man beim damaligen Bundesinnenminister Horst Seehofer und der zunächst geplanten und dann gestoppten Studie in der Polizei sehen kann (siehe Kapitel 3.2). Es liegt also definitiv eine mangelnde Landschaft an wissenschaftlichen Arbeiten vor. Sollten diese Studien denn dann doch existieren, sind sie meist nicht unabhängig durchgeführt worden, sondern von Institutionen oder Personen, die der Polizei angehören. Dazu kommt die Problematik der Fragestellung. Wie zuvor schon beschrieben, ist es schwierig Diskriminierung festzustellen, da der Begriff viele Definitionsmöglichkeiten zulässt.[48] Da es also ein komplexes Thema mit vielen

---

41 Vgl. o. A. (2021) VIII. Auswertung der Beschwerdestelle für Bürgerinnen und Bürger und Polizei In: Qualitäts- und Beschwerdemanagement im Niedersächsischen Ministerium für Inneres und Sport, 4.
42 Vgl. Ebda, 4f..
43 Antidiskriminierungsstelle des Bundes (o. J.) Aufgaben der Antidiskriminierungsstelle des Bundes <https://www.antidiskriminierungsstelle.de/DE/ueber-uns/unsere-aufgaben/unsere-aufgaben-node.html> (01.02.2023)
44 Antidiskriminierungsstelle des Bundes (o. J.) Gesetzliche Grundlagen unserer Arbeit <https://www.antidiskriminierungsstelle.de/DE/ueber-uns/gesetzliche-grundlagen/gesetzliche-grundlagen-node.html> (01.02.2023)
45 §1AGG.
46 Vgl. §2Abs.1AGG.
47 Vgl. Antidiskriminierungsstelle des Bundes (o. J.) Justiz und Polizei <https://www.antidiskriminierungsstelle.de/DE/ueber-diskriminierung/lebensbereiche/alltagsgeschaefte/justiz_und_polizei/justiz_und_polizei-node.html> (02.03.2023)
48 Vgl. Bergmann, Jens; Jacobsen, Astrid (2021) Diskriminierung und Rassismus der Polizei als Forschungsfeld. Eine problemorientierte Bestandsaufnahme In: SIAK-Journal 4/2021, 49.

Betrachtungsmöglichkeiten ist, gibt es nicht die eine Forschung zu Diskriminierung (in der Polizei). Man kann zum Beispiel einerseits die Einstellungen von Personen oder die Ausschreitungen der diskriminierenden Personen betrachten und andererseits Polizeieinsätze oder die Arbeit im Innendienst betrachten.

Fazit

Die Relevanz des Themas ist auf jeden Fall sehr hoch, da (staatliche) Sicherheitsorgane, die bestimmten Teilen der Bevölkerung keine ausreichende Sicherheit bieten oder sogar selbst für deren Unsicherheit verantwortlich sind, keinesfalls mit der demokratischen Ordnung Deutschlands vereinbar wären

Anhand der aktuellen Situation konnte gezeigt werden, welche gefährlichen Ausmaße Diskriminierung durch die Polizei haben kann, auch wenn das nur einen kleinen Teil der Realität ausmacht. Auch wenn es keinen absoluten Beweis gibt, konnte dennoch gezeigt werden, dass Diskriminierung in der Polizei Niedersachsen, aber auch in den anderen deutschen Polizeibehörden, nicht nur Einzelfälle sind, sondern in systematischer Form existieren. Die Forschung zu dem Themenfeld ist hochgradig komplex. Sie wird jedoch nicht durch Blockaden in Politik und auf Führungsebene der Polizei verbessert. Noch wird nämlich nicht genug gegen das vorhandene Problem getan und ein wissenschaftliche Untersuchungen zu dem Thema wären eine wichtige Grundlage dafür.

Es soll nicht die generelle Arbeit der Polizei als grundlegend schlecht oder falsch abgetan werden, sondern viel eher Probleme erkannt und verbessert werden. Auch strukturelle Änderungen, wie die Verbesserung der Aus- und Weiterbildung der Beamt*innen oder die Neugliederung von Behörden sind nur zwei von vielen Ansätzen. Diese und andere Probleme wurden zwar auch schon angegangen, können aber noch weiter verbessert werden. Dadurch würde vermutlich auch das Vertrauen der Bevölkerung in die Polizei wachsen.

Quellen- und Literaturverzeichnis

Antidiskriminierungsstelle des Bundes (o. J.) Aufgaben der Antidiskriminierungsstelle des Bundes <https://www.antidiskriminierungsstelle.de/DE/ueber-uns/unsere-aufgaben/unsere-aufgaben-node.html> (01.02.2023)

Antidiskriminierungsstelle des Bundes (o. J.) Gesetzliche Grundlagen unserer Arbeit <https://www.antidiskriminierungsstelle.de/DE/ueber-uns/gesetzliche-grundlagen/gesetzliche-grundlagen-node.html> (01.02.2023)

Antidiskriminierungsstelle des Bundes (o. J.) Justiz und Polizei <https://www.antidiskriminierungsstelle.de/DE/ueber-diskriminierung/lebensbereiche/alltagsgeschaefte/justiz_und_polizei/justiz_und_polizei-node.html> (02.03.2023)

Beigang, Steffen et. al. (2017): Diskriminierungserfahrungen in Deutschland. Ergebnisse einer Repräsentativ- und einer Betroffenenbefragung. Baden-Baden

Behr, Rafael (2016) Diversität und Polizei: Eine polizeiwissenschaftliche Perspektive

Bergmann, Jens; Jacobsen, Astrid (2021) Diskriminierung und Rassismus der Polizei als Forschungsfeld. Eine problemorientierte Bestandsaufnahme In: SIAK-Journal 4/2021

Diehl, Jörg; Siemens, Ansgar (18.12.2018): Für Rechts und Ordnung. In Spiegel Online <https://www.spiegel.de/panorama/justiz/polizei-in-deutschland-wie-gross-ist-das-problem-mit-rechten-umtrieben-a-1244319.html> (02.03.2023)

Groß, Eva et. al. (2022): Ursachen und Präventionsmöglichkeiten bei Vorurteilen und Diskriminierungen in der Polizei. In: Rassismus in der Polizei Eine wissenschaftliche Bestandsaufnahme, 169f..

Hessisches Ministerium des Innern und für Sport;HKE (2020): Polizeiliche Alltagserfahrungen – Herausforderungen und Erfordernisse einer lernenden Organisation Forschungsbericht 2020

Holzki, Larissa (31.08.2018): Wie rechts ist die Polizei?. In: Süddeutsche Zeitung <https://www.sueddeutsche.de/karriere/polizei-und-rechte-viele-polizisten-der-unteren-dienstraenge-erleben-sich-als-kleine-raedchen-im-getriebe-1.4111545> (02.02.2023)

Jacobsen Astrid (2015) „Hier laufen verdächtige Ausländer rum". Zur Bedeutung kultureller Herkunft für die Bewältigung des Einsatz- und Streifendienstes". In: .SIAK-Journal

Jacobsen, Astrid et. al. (o.J.) Polizeipraxis zwischen staatlichem Auftrag und öffentlicher Kritik: Herausforderungen, Bewältigungsstrategien, Risikokonstellationen In: Polizeiakademie Niedersachsen <https://www.pa.polizei-nds.de/forschung/projekte/forschungsprojekt-polizeipraxis-zwischen-staatlichem-auftrag-und-oeffentlicher-kritik-115525.html> (01.02.2023)

Koller, Christian. (2015): Was ist eigentlich Rassismus?. In:BPB. <https://www.bpb.de/themen/rechtsextremismus/dossier-rechtsextremismus/213678/was-ist-eigentlich-rassismus/> (26.02.2023)

MEDIENDIENST INTEGRATION (2021) RECHERCHE Polizist*innen mit Migrationshintergrund

MEDIENDIENST INTEGRATION (2022) RECHERCHE Rassismus und Antisemitismus bei der Polizei: Was tun Bund und Länder?

Memarnia, Susanne (2022) Rassismus? Wo? In: taz <https://taz.de/Seehofers-Polizeistudie/!5835207/> (02.03.2023)

Walbrecht, Sigmar (2021) Tod von Kamal I. Nach Polizeieinsatz – viele Frage offen. In: Flüchtlingsrat Niedersachsen e.V. <https://www.nds-fluerat.org/51254/aktuelles/tod-von-kamal-i-nach-polizeieinsatz-viele-fragen-offen/> (03.03.2023)

Walbrecht, Sigmar (2021) Tödlicher Polizeieinsatz: Geflüchteter in Harsefeld erschossen In: Flüchtlingsrat Niedersachsen e. V. <https://www.nds-fluerat.org/51177/aktuelles/toedlicher-polizeieinsatz-gefluechteter-in-harsefeld-

erschossen/> (03.03.2023)

Wasiliu, David (2022): Tödliche Schüsse bleiben ungeklärt. In: taz <https://taz.de/Polizeieinsaetze-gegen-Gefluechteten/!5873195/>

o. A. (o.J.): Qualitäts- und Beschwerdemanagement im Niedersächsischen Ministerium für Inneres und Sport <https://www.mi.niedersachsen.de/startseite/service/beschwerdestelle_fur_burgerinnen_und_burger_und_polizei/qualitats-und-beschwerdemanagement-im-niedersachsischen-ministerium-fur-inneres-und-sport-125825.html> (20.02.2023)

o. A. (2020): Auswertung für den Zeitraum vom 01.01.bis 31.12.2019 In: Qualitäts- und Beschwerdemanagement im Niedersächsischen Ministerium für Inneres und Sport

o. A. (2021) VIII. Auswertung der Beschwerdestelle für Bürgerinnen und Bürger und Polizei In: Qualitäts- und Beschwerdemanagement im Niedersächsischen Ministerium für Inneres und Sport

o. A. (2022) IX. Auswertung der Beschwerdestelle für Bürgerinnen und Bürger und Polizei In: Qualitäts- und Beschwerdemanagement im Niedersächsischen Ministerium für Inneres und Sport

o. A. (2016) Auswertung für den Zeitraum 01.01.2015 bis 31.12.2015 In: Qualitäts- und Beschwerdemanagement im Niedersächsischen Ministerium für Inneres und Sport

o. A. (2023) Bevölkerung in Privathaushalten nach Migrationshintergrund und Bundesländern In: Statistisches Bundesamt <https://www.destatis.de/DE/Themen/Gesellschaft-Umwelt/Bevoelkerung/Migration-Integration/Tabellen/migrationshintergrund-laender.html> (01.03.2023)

o. A. (2020) Seehofer sieht kein Rassismus-Problem bei der Polizei In: Zeit Online <https://www.zeit.de/news/2020-07/05/innenministerium-will-doch-keine-studie-zu-polizei-rassismus> (02.03.2023)

o. A. (2020) Pistorius für Länder-Studie zu Rassismus In: Tagesschau <https://www.tagesschau.de/inland/pistorius-polizei-rassismus-101.html> (02.03.2023)

Samadoni, Samiah El (2016) Hinweise zur Arbeitsweise der Beauftragten für die Landespolizei Schleswig-Holstein In: Landtag Schleswig-Holstein <https://www.landtag.ltsh.de/export/sites/ltsh/service/downloadgallery/beauftragte_landespolizei/Hinweise_zur_Arbeitsweise_und_Verfahrensablaeufen_Polizeibeauftragte.pdf> (01.02.2023)